Bilanzanalyse, Kennzahlen- und Controllingsysteme. Handlungsempfehlungen für ein Unternehmen

GRIN ☺

Bibliografische Information der Deutschen Nationalbibliothek:

Die Deutsche Nationalbibliothek verzeichnet diese Publikation in der Deutschen Nationalbibliografie; detaillierte bibliografische Daten sind im Internet über http://dnb.d-nb.de abrufbar.

ISBN: 9783346686800
Dieses Buch ist auch als E-Book erhältlich.

© GRIN Publishing GmbH
Nymphenburger Straße 86
80636 München

Druck und Bindung: Books on Demand GmbH, Norderstedt Germany
Gedruckt auf säurefreiem Papier aus verantwortungsvollen Quellen

Das Buch bei GRIN: https://www.grin.com/document/1251376

Deutsche Hochschule für
Prävention und Gesundheitsmanagement
Hermann-Neuberger-Sportschule 3
66123 Saarbrücken

Hausarbeit

Studiengang	Prävention und Gesundheitsmanagement
Studienmodul	Finanzen und Controlling III
Datum Präsenzphase (siehe Ergebnisdokumentation)	28.03. – 30.03.2022
Aufgabe	1) Bilanzanalyse 2) Kennzahlensystem & Controllingsystem 3) Interpretation und Handlungsempfehlungen

Inhaltsverzeichnis

1 Bilanzanalyse

Die Geschäftsführung der Lönneberger GmbH fordert einen kennzahlenbasierten Bericht über die aktuelle Konkurrenzsituation. Verglichen wird die Lönneberger GmbH mit dem jungen Start-Up der Malefits GmbH. Die nachfolgende Tabelle zeigt die vorbereiteten Kennzahlen der Lönneberger GmbH und der Malefits GmbH von Frau Müller und Herrn Maier für das Geschäftsjahr 2018.

Tab. 1: Vergleichstabelle verschiedener Kennzahlen für das Geschäftsjahr 2018 (eigene Darstellung)

	Lönneberger GmbH	Malefits GmbH
Umsatzrentabilität	16%	-7%
Deckungsgrad 1	120%	33%
Verschuldungsgrad 1	24%	520%
Änderungsrate des Umsatzes	2%	102%
Anlagevermögen	725.000€	100.000€
Eigenkapitalrentabilität	15%	-20%
Fremdkapitalrentabilität	10%	10%

Die folgenden Aufgaben beschäftigten sich mit den gegeben und neu errechneten Kennzahlen, sowie deren Bewertung und Beurteilung. Außerdem wird im Allgemeinen noch der ausgewiesene Gewinn in der Bilanz kritisch beleuchtet.

1.1 Kennzahlen

In der nachfolgenden Aufgabe werden auf Basis der oben genannten Vergleichstabelle der Gewinn, der Umsatz, das Eigen- und Fremdkapital, sowie der Return on Investment (ROI) für die Lönneberger GmbH und den Mitbewerber die Malefits GmbH berechnet.

1.1.1 Eigenkapital

Für die Ermittlung des Eigenkapitals wird die Formel für den Deckungsgrad I nach dem Eigenkapital umgestellt.

$$Deckungsgrad\ I = \frac{Eigenkapital}{Anlagevermögen} \; x \; 100$$

Für die Lönneberger GmbH ergibt sich folgende Rechnung:

$$120\% = \frac{Eigenkapital}{725.000,00€} \; x \; 100 \qquad \qquad |\, / \, 100$$

$$1,2 = \frac{Eigenkapital}{725.000,00€} \qquad \qquad |\, x725.000,00€$$

$$1,2 \; x \; 725.000,00€ = 870.000,00€$$

Das Eigenkapital der Lönneberger GmbH beträgt 870.000,00€.

Für die Malefits GmbH ergibt sich folgende Rechnung:

$$33\% = \frac{Eigenkapital}{100.000,00€} \; x \; 100 \qquad \qquad |\, /100$$

$$0,33 = \frac{Eigenkapital}{100.000,00€} \qquad \qquad |\, x100.000,00€$$

$$0,33 \; x \; 100.000,00€ = 33.000,00€$$

Das Eigenkapital der Malefits GmbH beträgt 33.000,00€.

1.1.2 Gewinn

Durch das errechnete Eigenkapital kann mit Hilfe der Formel für die Eigenkapitalrentabilität der Gewinn ermittelt werden. Hierfür wird die Formel für die Eigenkapitalrentabilität nach dem Gewinn umgestellt.

$$Eigenkapitalrentabilität = \frac{Gewinn}{Eigenkapital} \; x \; 100$$

Für die Lönneberger GmbH ergibt sich folgende Rechnung:

$$15\% \; \frac{Gewinn}{870.000,00€} \; x \; 100 \qquad \qquad |\, /100$$

$$0,15 = \frac{Gewinn}{870.000,00€} \qquad \qquad |\, x870.000,00€$$

$$0,15 \; x \; 870.000,00€ = 130.500,00€$$

Die Lönneberger GmbH erzielte einen Gewinn in Höhe von 130.500,00€.

Für die Malefits GmbH ergibt sich folgende Rechnung:

$$-20\% \; \frac{Gewinn}{33.000,00€} \; x \; 100 \qquad \qquad |\, /100$$

$$-0,2 = \frac{Gewinn}{33.000,00€} \qquad \qquad |\, x33.000,00€$$

$$0-0,2 \; x \; 33.000,00€ = -6.600,00€$$

Die Malefits GmbH erzielte einen Verlust in Höhe von -6.600,00€.

1.1.3 Fremdkapital

Durch das errechnete Eigenkapital lässt sich auch das Fremdkapital der Unternehmen bestimmten. Hierfür wird die Formel zum Verschuldungsgrad nach dem Fremdkapital umgestellt.

$$Verschuldungsgrad = \frac{Fremdkapital}{Eigenkapital} \; x \; 100$$

Für die Lönneberger GmbH ergibt sich folgende Rechnung:

$24\% = \frac{Fremdkapital}{870.000,00€} \; x \; 100$ | /100

$0,24 = \frac{Fremdkapital}{870.000,00€}$ | x870.000,00€

0,24 x 870.000,00€ = 208.800,00€

Das Fremdkapital der Lönneberger GmbH beträgt 208.800,00€.

Für die Malefits GmbH ergibt sich folgende Rechnung:

$520\% = \frac{Fremdkapital}{33.000,00€} \; x \; 100$ | /100

$5,20 = \frac{Fremdkapital}{33.000,00€}$ | x33.000,00€

5,20 x 33.000,00€ = 171.600,00€

Das Fremdkapital der Malefits GmbH beträgt 171.6000,00€.

1.1.4 Umsatz

Für die Berechnung des Umsatzes wird die Formel der Umsatzrentabilität nach dem Umsatz umgestellt.

$$Umsatzrentabilität = \frac{Gewinn}{Umsatz} \; x \; 100$$

Für die Lönneberger GmbH ergibt sich folgende Rechnung:

$16\% = \frac{130.500,00€}{Umsatz} \; x \; 100$ | /100

$0,16 = \frac{130.500,00€}{Umsatz}$ | x Umsatz

0,16 x Umsatz = 130.500,00€ | / 0,16

$Umsatz = \frac{130.500,00€}{0,16}$

Umsatz = 815.625,00€

Der Umsatz der Lönneberger GmbH beträgt 815.625,00€.

Für die Malefits GmbH ergibt sich folgende Rechnung:

$-7\% = \frac{-6.600,00€}{Umsatz} \; x \; 100$ $| \; /100$

$-0,07 = \frac{-6.600,00€}{Umsatz}$ $| \; x \; Umsatz$

$-0.07x \; Umsatz = -6.600,00€$ $| \; / \; -0.07$

$Umsatz = \frac{-6.600,00€}{-0,07}$

$Umsatz = 94.285,71€$

Der Umsatz der Malefits GmbH beträgt 94.285,71€.

1.1.5 ROI

Um die letzte Kennzahl, den Return of Investment (ROI) zu berechnen muss zuerst mit Hilfe der Formel für die Fremdkapitalrentabilität der Fremdkapitalzins berechnet werden.

$$Fremdkapitalrentabilität = \frac{Fremdkapitalzinsen}{Fremdkapital} \; x100$$

Für die Lönneberger GmbH ergibt sich folgende Rechnung:

$10\% = \frac{Fremdkapitalzinsen}{208.800,00} \; x100$ $| \; /100$

$0,1 = \frac{Fremdkapitalzinsen}{208.800,00}$ $| \; x208.800,00€$

$0,1 \; x \; 208.800,00€ = 20.880,00€$

Die Fremdkapitalzinsen der Lönneberg GmbH betragen 20.880,00€.

Für die Malefits GmbH ergibt sich folgende Rechnung:

$10\% = \frac{Fremdkapitalzinsen}{171.600,00} \; x100$ $| \; /100$

$0,1 = \frac{Fremdkapitalzinsen}{171.600,00}$ $| \; x2171.600,00$

$0,1 \; x \; 171.600,00€ = 17.160,00€$

Die Fremdkapitalzinsen der Malefits GmbH betragen 17.160,00€.

Außerdem wird für die Berechnung des ROI noch die Summe des Gesamtkapitals benötigt.

$$Gesamtkapital = Eigenkapital + Fremdkapital$$

Für die Lönneberger GmbH ergibt sich folgende Rechnung:

Gesamtkapital = 870.000,00€ + 208.800,00€

Das Gesamtkapital der Lönneberg GmbH beträgt 1.078.800,00€.

Für die Malefits GmbH ergibt sich folgende Rechnung:

Gesamtkapital = 33.000,00€ + 171.600,00€

Das Gesamtkapital der Malefits GmbH beträgt 204.600,00€.

Für die Berechnung des Return of Investment wird folgende Formel benutzt:

$$ROI = \frac{(Gewinn + FKZ)}{Umsatz} \; x \; 100 \; x \; \frac{Umsatz}{Gesamtkapital}$$

Für die Lönneberger GmbH ergibt sich folgende Rechnung:

$$ROI = \frac{(130.500,00€ + 20.880,00€)}{815.625,00€} \; x \; 100 \; x \; \frac{815.625,00€}{1.078.800,00€}$$

ROI = 0,1856 x 100 x 0,7560

ROI = 14,03%

Der Return of Investment der Lönneberg GmbH beträgt 14,03%.

Für die Malefits GmbH ergibt sich folgende Rechnung:

$$ROI = \frac{(-6.600,00€ + 17.160,00€)}{94.285,71€} \; x \; 100 \; x \; \frac{94.285,71€}{204.600,00€}$$

ROI = 0,1120 x 100 x 0,4608

ROI = 5,16%

Der Return of Investment der Malefits GmbH beträgt 5,16%.

1.2 Bericht für die Geschäftsführung

Um die getroffene Aussage der Mitarbeiter zu bewerten, müssen zunächst die gegebenen Kennzahlen genauer betrachtet werden. Die Umsatzrentabilität wird zur Beurteilung der Gewinnerergiebigkeit herangezogen. Sie zeigt prozentual an, wie viel der Umsatzerlöse als Gewinn im Unternehmen bleibt (von Känel, 2018, S. 150). Dadurch kann diese Kennzahl genauestens sagen, wie viel Gewinn oder auch Verlust pro verkaufte Leistung gemacht wurde (Hesse & Gruber, 2018, S. 199). Unternehmen sind dem entsprechend bestrebt eine möglichst hohe Umsatzrentabilität zu erwirtschaften. Die Malefits GmbH hat im Geschäftsjahr 2018 eine negative Umsatzrentabilität von -7% erzielt. Mit jeder verkauften Leistung hat die GmbH einen Verlust von sieben Cent erwirtschaftet und ist demnach nicht erfolgreich beim Verkauf ihrer Dienstleistungen. Die Deckungsgrade überprüfen die langfristige Liquidität eines Unternehmens, der Deckungsgrad 1 gibt prozentual an, zu welchem Grad das Anlagevermögen durch das Eigenkapital gedeckt ist (von Känel,

2018, S.119). Laut von Känel (2018) ist bei einem Deckungsbeitrag 1, der deutlich unter 100% liegt, die Gefahr in einer Krisensituation sehr hoch, dass Gegenstände des Anlagevermögens veräußert werden müssen, um den finanziellen Verpflichtungen nachzukommen. Bei der Malefits GmbH liegt für das Geschäftsjahr 2018 ein Deckungsgrad 1 von nur 33% vor, das bedeutet, dass nur 33% des Anlagevermögens durch das Eigenkapital des Unternehmens gedeckt sind. Der Verschuldungsgrad gibt das Verhältnis zwischen Eigen- und Fremdkapital in einem Unternehmen an. Je geringer der Verschuldungsgrad ist, desto höher ist die finanzielle Unabhängigkeit eines Unternehmens (Brecht, 2012, S. 208). Die Malefits GmbH hat einen Verschuldungsgrad von 520% und ist damit finanziell abhängig von externen Gläubigern. Die Änderungsrate des Umsatzes zeigt an, ob das Unternehmen im Vergleich mit dem vorherigen Geschäftsjahr ein Umsatzgleichstand, -wachstum oder -rückgang erwirtschaftet hat. Als Anzeichen für ein bestehendes Absatzproblem stehen sinkende Umsätze (Engel-Bock, 1997, S. 131). Die Malefits GmbH hat im Geschäftsjahr 2018 eine Änderungsrate des Umsatzes von 102% erzielt und dadurch ihren Umsatz zum Vorjahr deutlich steigern können. Die Eigenkapitalrentabilität zeigt auf, wie sich das eingesetzte Eigenkapital im Geschäftsjahr verzinst hat (von Känel, 2018, S. 148). Die Malefits GmbH hat eine negative Eigenkapitalrentabilität von -20% und hat dadurch pro eingesetzten Euro Eigenkapital 20 Cent Verlust erzielt. Die Fremdkapitalrentabilität gibt an, wie hoch die Verzinsung des investierten Fremdkapitals im Unternehmen ist (Prätsch, Schikorra & Ludwig, 2012, S.35). Die Malefits GmbH muss, ebenso wie die Lönneberger GmbH, 10% Fremdkapitalzinsen zahlen. Auf den ersten Blick lässt sich einfach auf die Aussage der Mitarbeiter zustimmen. Nach der Betrachtung der Fakten und die gegebenen Kennzahlen, muss berücksichtigt werden, dass das Unternehmen erst vor Kurzem gegründet wurde und gerade zur Gründungszeit viel Fremdkapital benötigt wird und nicht direkt mit Gewinnen zurechnen ist. Positiv zu betrachten ist, dass das die Malefits GmbH eine Änderungsrate des Umsatzes von 102% erzielt hat und damit deutlich mehr Umsatz als zum Vorjahr und auch gegenüber der Lönneberger GmbH erwirtschaften konnte. Zur weiteren Einschätzung des Malefits GmbH sollten die aktuellen Kennzahlen eingeholt werden, denn dadurch kann verglichen werden, wie das Unternehmen jetzt am Markt steht und wie die Entwicklung vorangeht. Auf jeden Fall sollte die Malefits GmbH als Mitbewerber erst genommen werden.

1.3 Gewinn

Der in der Bilanz ausgewiesene Gewinn sollte nicht zur alleinigen Beurteilung des Unternehmenserfolges herangezogen werden, da durch gewisse Maßnahmen der ausgewiesene Gewinn geschönt worden sein kann. Bekannt sind diese Maßnahmen auch als Bilanzkosmetik, Window-Dressing oder Bilanzdelikte. Das Ziel solcher Maßnahmen ist die kurzfristige und optische Verbesserung des Jahresabschlusses. Die Bilanzdelikte werden unter anderem in die Bilanzmanipulation, -fälschung und – verschleierung unterteilt. Die illegale Bilanzmanipulation wird vorgenommen und die gewünschten Ziele und Zahlen für das Geschäftsjahr zu erreichen. In der Regel erfolgt eine solche Manipulation der Zahlen durch fiktive Geschäftsfälle. Die Bilanzfälschung hingegen berichtet von einer verbesserten Vermögens-, Finanz- und Ertragslage im Unternehmen. Bei der Bilanzverschleierung entsteht durch eine nicht ordnungsmäße Buchführung ein ungenaues Bild der wirtschaftlichen Lage des Unternehmens. All diese Maßnahmen und Delikte sind illegal und strafbar, sie widersprechen den Regelungen des Handelsgesetzbuches und den Prinzipien der Bilanzwahrheit und -klarheit (Hundt, 2016, S.208-209). Aufgrund der genannten Möglichkeiten zur geschönten Gewinnangabe in der Bilanz, sollten weitere Kennzahlen herangezogen werden.

2 Kennzahlensystem & Controllingsystem

Die zweite Aufgabe beschäftigt sich mit der Erstellung und Berechnung eines EKR-Controllingsystem und GKR-Controllingsystems, sowie der Beurteilung zum Stakeholder oder Shareholder Ansatz in der Lönneberger GmbH.

2.1 EKR-Controllingsystem

In der nachfolgenden Aufgabe wird mit der Angabe des Rechenweges ermittelt, um welchen Betrag die variablen Kosten ansteigen dürfen, damit unter Beachtung der sonstigen Annahmen eine Eigenkapitalrentabilität von 17% erreicht wird. Da die Aufgabe sich auf die Planzahlen des Jahres 2020 bezieht, muss zuerst der Gewinn für das Jahr 2020 berechnet werden. Das Eigenkapital in Höhe von 880.000,00€ bleibt unverändert. Hierfür wird die Formel der Eigenkapitalrentabilität nach dem Gewinn umstellt.

$$Eigenkapitalrentabilität = \frac{Gewinn}{Eigenkapital} \ x \ 100$$

$17\% = \dfrac{Gewinn}{880.000,00\text{€}} \; x \; 100$ $\qquad | \, /100$

$0{,}17 = \dfrac{Gewinn}{880.000,00\text{€}}$ $\qquad\qquad | \, x \; 880.000{,}00\text{€}$

$0{,}17 \; x \; 880.000{,}00\text{€} = 149.600{,}00\text{€}$

Unter Beachtung der geplanten Eigenkapitalrentabilität in Höhe von 17% und dem unveränderten Eigenkapital in Höhe von 880.000,00€ muss der Gewinn für das Jahr 2020 149.600,00€ betragen.

Zusätzlich soll der Umsatz im Jahr 2020 um 10% erhöht werden. Hierfür wird der Umsatz aus dem Jahr 2019 in Höhe von 830.250,00€ mit 1,10 multipliziert.

830.250,00€ x 1,10 = 913.275,00€.

Der Umsatz für das Plan Jahr 2020 muss damit 913.275,00€ betrage.

Die Different von Umsatz und Gewinn des Planjahres 2020 ergibt die Kosten für das Geschäftsjahr.

913.275,00€ - 149.600,00€ = 763.675,00€.

Die Kosten für das Geschäftsjahr 2020 werden sich damit auf 763.675,00€ belaufen.

Die Kosten setzen sich aus Fixkosten und variablen Kosten zusammen. Die Fixkosten werden durch die Erweiterung der Kapazität um 6% ansteigen. Für die Berechnung werden die Fixkosten aus dem Jahr 2019 mit 1,06 multipliziert.

500.000,00€ x 1,06 = 530.000,00€

Die Fixkosten für das Jahr 2020 werden 530.000,00€ betragen.

Die variablen Kosten für das Jahr 2020 werden durch die Gesamtkosten abzüglich der Fixkosten berechnet.

763.675,00€ - 530.000,00€ = 233.675,00€.

Die variablen Kosten für das Jahr 2020 werden damit 233.675,00€ betrage.

Um den maximalen Anstieg der variablen Kosten zu berechnet wird die Differenz der variablen Kosten aus dem Jahr 2020 und die des Jahres 2019 genommen.

233.675,00€ - 210.880,00€ = 22.725,00€

Die variablen Kosten im Jahr 2020 dürfen um 22.750,00€ ansteigen, damit eine Eigenkapitalrentabilität von 17% erreicht wird.

Die nachfolgende Abbildung zeigt graphisch die oben errechneten Zahlen für das Geschäftsjahr 2020.

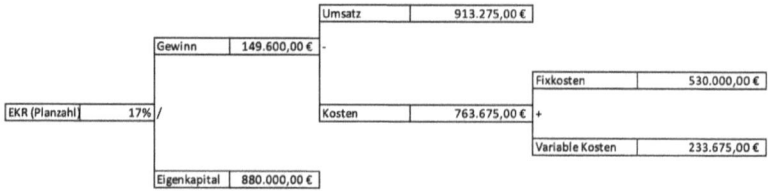

Abb. 1: EKR-Controllingsystem Geschäftsjahr 2020 (eigene Darstellung)

2.2 Stakeholder vs. Shareholder

Herr Lönneberger von der Lönneberger GmbH möchte im Geschäftsjahr 2020 eine Eigenkapitalrentabilität von 17% erreichen, dies bedeutet eine Steigerung von 3,44% im
Gegensatz zum Vorjahr 2019, denn dort betrug die Eigenkapitalrentabilität 13,56%. Die
Eigenkapitalrentabilität zeigt auf, wie sich das eingesetzte Eigenkapital im Geschäftsjahr
verzinst hat (von Känel, 2018, S. 148). Durch die Steigerung der Eigenkapitalrentabilität
wird das eingesetzte Eigenkapital eine höhere Rendite als zuvor erzielen. Der Shareholder
Value Ansatz stellt im Sinne der Anteilseigner, die Maximierung des langfristigen Unter-
nehmenswerter in den Vordergrund (Poeschl, 2013, S.80). Herr Lönneberger ist Ge-
schäftsführer und alleiniger Gesellschafter der Lönneberger GmbH, er verfolgt dadurch
den Anspruch das Vermögen des Eigentümers zu vermehren. Trotz der Kritik seiner Kun-
den an den zu hohen Preisen lehnt Herr Lönneberger Änderung der Preispolitik ab und
folgt dadurch keinen anderen Anspruch der Interessensgruppen. All die genannten Punkte
oder Faktoren spiegeln klar wider, dass Herr Lönneberger den Shareholder Ansatz verfolgt.

2.3 GKR-Controllingsystem

Die nachfolgende Abbildung zeigt das GKR-Controllingsystem der Lönneberger GmbH
anhand der gegeben Ist-Zahlen aus dem Geschäftsjahr 2019 und den Soll-Zahlen für das
kommende Geschäftsjahr 2020.

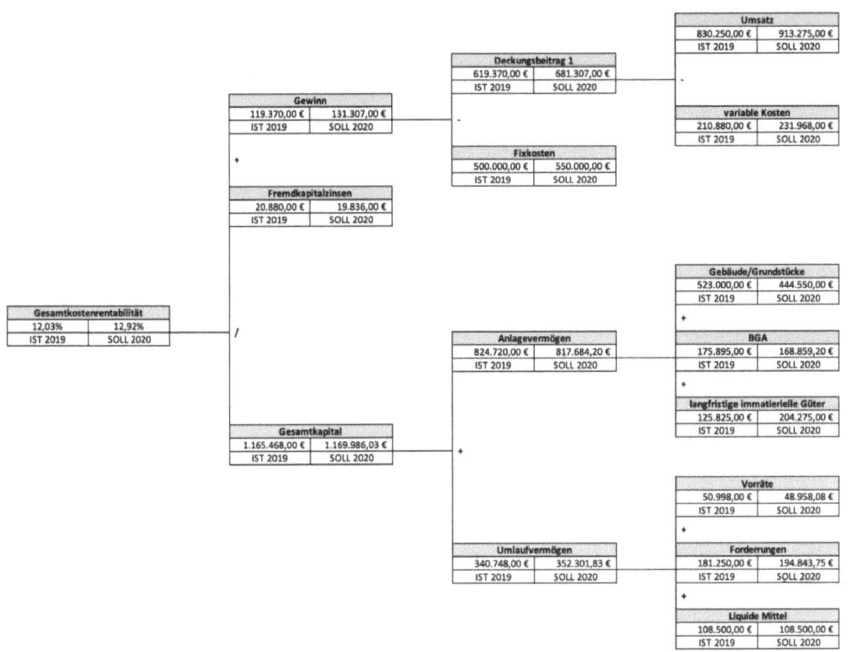

Abb. 2: GKR-Controllingsystem für die Lönneberger GmbH (eigene Darstellung)

2.4 Die Balanced Scorecard als Alternative zum Controllingsystem

Die Balanced Scorecard (BSC) wurde 1992 von Kaplan und Norton erfunden. Sie ist ein umfassendes Konzept zur Messung, Dokumentation und Steuerung der Aktivitäten eines Unternehmens. Im Fokus liegen hierbei die Visionen und Strategien, um ein internes festgelegtes Ziel zu verwirklichen (Linxweiler & Geiser, 2019, S.1542). Laut Linxweiler und Gasier ist die zentrale Hypothese der BSC, dass wenige zentrale qualitative und quantitative, sowie interne und externe Faktoren den Erfolg eines Unternehmens bestimmen. Es gilt die Erfolgsfaktoren, Soft Facts und Hard Facts herauszufinden, sie messbar zu gestaltet und in die Planung, sowie Umsetzung mit einzubeziehen. Insgesamt gibt es bei der BSC vier verschiedenen Perspektiven, die Finanzielle Perspektive, die Kundenperspektive, die interne Geschäftsprozessperspektive und die Lernen- und Entwicklungsperspektive (Linxweiler & Geiser, 2019, S.1542). Ein Unternehmen kann individuell für sich die passenden Perspektiven hinzufügen und somit die BSC exakt auf die eigene Situation anpassen. Für jede Perspektive wird ein Ziel formuliert und eine Zielbeziehung festgelegt, danach werden Kennzahlen und Maßnahmen zur Zielerreichung abgeleitet und festgelegt (Hungenberg, 2014, S. 308 -313). Um die BSC nachhaltig erfolgreich im Unternehmen einzuführen ist es wichtig, jeden Unternehmensbereich mit einzubeziehen, so muss die BSC beispielsweise in das Berichtswesen, die strategische und operative Planung, sowie in das Qualitäts- und Risikomanagement integriert werden (Götte, 2021, S. 568). Durch diese breitgefächerte Einführung und Umsetzung werden die Anforderungen an die Mitarbeiter höher, wodurch ein klares Verständnis für die Zahlen, die Umsetzung und das Unternehmen gegeben sein muss. Die BSC berücksichtigt sowohl vergangenheitsbasierte als auch zukunftsorientierte Kennzahlungen, sowie monetäre und nicht monetäre Kennzahlen. Zusätzlich betrachtet die BSC interne und externe Perspektiven, sowie Spät- und Frühindikatoren (Götte, 2021, S.558). Zusammenfassend kann festgehalten werden, dass die Erstellung einer BSC deutlich komplexer ist als das GRK-Controllingsystem. Ein Nachteil der Komplexität kann sein, dass der Gesamtzusammenhang vergessen wird und das konkrete Formulieren der einzelnen Ziele und Kennzahlen langwierig und kompliziert sein kann. Wiederum kann die Verknüpfung der Ziele durch die Ursache-Wirkungsketten aufzeigen wie sich verschiedene Änderungen und Handlungen auf die gesamten Unternehmensziele auswirken kann. Wie bei allen Systemen ist eine sorgfältige Einführung und eine nachhaltige Pflege für den Unternehmenserfolg wichtig. Unter Berücksichtigung der genannten Punkte stellt die BSC eine ganzheitliche sinnvolle Alternative zum GKR-Controllingsystem darf.

3   Interpretation und Handlungsempfehlungen

Für die Einschätzung, ob die Malefits GmbH ein vielversprechendes Unternehmen ist, welches gekauft werden sollte, werden die fünf folgenden Kennzahlen berechnet und bewertet: die Eigenkapitalquote, die Umsatzrentabilität, der Deckungsgrad A, der Verschuldungsgrad und der Cashflow. Die Eigenkapitalquote gilt in der Finanzwirtschaft und im Controlling als wichtigste Finanzierungskennzahl. Sie gibt an, wie viel Prozent des Gesamtkapitals durch das Eigenkapital finanziert ist. Die Kennzahl sollte mindestens 30% betragen. Eine hohe Eigenkapitalquote senkt das Insolvenzrisiko, da das Unternehmen weniger durch Fremdkapital finanziert wird, welches zurückgezogen oder nicht verlängert werden kann (Schuster & Rüdt von Collenberg, 2015, S. 84-85). Laut von Känel (2018) spricht man von einer „dünnen" Eigenkapitaldeckung, wenn die Eigenkapitalquote unter 15% liegt, denn ein Unternehmen ist mit diesem Wert dann nicht ausreichend krisenfest. Die Formel für die Eigenkapitalquote lautet wie folgt:

$$Eigenkapitalqoute = \frac{Eigenkapital}{Gesamtkapital} x \, 100$$

Für die Malefits GmbH ergibt sich folgende Eigenkapitalquote für das Geschäftsjahr
2019: $Eigenkapitalqoute = \frac{27.200,00€}{277.500,00€} x\ 100 = 9,80\%$

Für die Malefits GmbH ergibt sich folgende Eigenkapitalquote für das Geschäftsjahr
2020: $Eigenkapitalqoute = \frac{50.700,00€}{301.500,00€} x\ 100 = 16,82\%$

Damit ist die Eigenkapitalquote der Malefits GmbH im Vergleich zum Vorjahr um
7,02% auf 16,82% gestiegen. Die Umsatzrentabilität zeigt prozentual an, wie viel der
Umsatzerlöse eines Geschäftsjahres zur Gewinnausschüttung, Investitionszwecken oder
zur Tilgung von Verbindlichkeiten zur Verfügung stehen. Diese Kennzahl ist besonders
für Investoren und Kapitalgeber interessant, da sie eine Aussage zur Gewinnergiebigkeit
der Geschäftstätigkeiten trifft (von Känel, 2018 (S. 150 – 151). Dadurch kann diese
Kennzahl genauestens sagen, wie viel Gewinn oder auch Verlust pro verkaufte Leistung
gemacht wurde (Hesse & Gruber, 2018, S. 199). Unternehmen sind dem entsprechend
bestrebt eine möglichst hohe Umsatzrentabilität zu erwirtschaften.
Die Formel für die Umsatzrentabilität lautet wie folgt:

$$Umsatzrentabilität = \frac{Gewinn}{Umsatz} x\ 100$$

Für die Malefits GmbH ergibt sich folgende Umsatzrentabilität für das Geschäftsjahr
2019: $Umsatzrentabilität = \frac{-7.800,00€}{189.200,00€} x\ 100 = -4,12\%$

Für die Malefits GmbH ergibt sich folgende Umsatzrentabilität für das Geschäftsjahr
2019: $Umsatzrentabilität = \frac{-14.000,00€}{195.000,00€} x\ 100 = -7,18\%$

Die Malefits GmbH hat im Geschäftsjahr 2019 mit jedem umgesetzten Euro circa 4 Cent
Verlust erwirtschaftet. Im Geschäftsjahr 2020 stieg der Verlust auf über 7 Cent pro umgesetzten Euro. Der Deckungsgrad A ist eine Kennzahl der langfristigen Liquiditätsana-
lyse und betrachtet damit die wirtschaftliche Lage des Unternehmens mit Fokus auf das
Anlagevermögen. Laut der Faustregel soll wenigstens das Anlagevermögen eines Unternehmens langfristig finanziert werden. Für Gläubiger ist interessant zu wissen, in welchem Maß das Anlagevermögen durch das Eigenkapital gedeckt ist. Die Kennzahl sollte
im besten Fall größer als 100% sein (Schuster & Rüdt von Collenberg, 2015, S. 91-92).
Je höher die Kennzahl ist, desto schneller kann ein Gläubiger im Insolvenzfall sein Geld
zurückbekommen. Das Anlagevermögen eines Unternehmens stellt gebundenes Kapital
dar, welches sich schwierig bzw. mit erheblichen Verlusten in Bargeld umwandeln lässt.
Das Umlaufvermögen eines Unternehmens ist jedoch einer in bares Geld umzuwandeln,

weshalb die Gläubiger dem entsprechend schneller ihr investiertes Geld zurückbekommen, wenn sie denn Ansprüche aus dem Umlaufvermögen haben Schuster & Rüdt von Collenberg, 2015, S. 91-92). Die Formel für den Deckungsgrad A lautet wie folgt:

$$Deckungsgrad\ A = \frac{Eigenkapital}{Anlagevermögen}\ x\ 100$$

Für die Malefits GmbH ergibt sich folgender Deckungsgrad A für das Geschäftsjahr 2019: $Deckungsgrad\ A = \frac{27.200,00€}{210.000,00€}\ x\ 100 = 12,95\%$

Für die Malefits GmbH ergibt sich folgender Deckungsgrad A für das Geschäftsjahr 2020: $Deckungsgrad\ A = \frac{50.700,00€}{135.000,00€}\ x\ 100 = 37,56\%$

Der Deckungsgrad A der Malefits GmbH ist im Vergleich zum Vorjahr um 24,61% auf 37,56% gestiegen. Der Verschuldungsgrad beschreibt das Verhältnis zwischen Eigen- und Fremdkapital in einem Unternehmen. Er kann als Kennzahl für die finanzielle Unabhängigkeit und Stabilität eines Unternehmens gesehen werden. Je höher der Verschuldungsgrad ist, desto höher ist die Abhängigkeit von externen Gläubigern (Brecht, 2012, S. 208). Wenn ein bestimmter Verschuldungsgrad überschritten wurde, fordern Unternehmenseigner und auch Fremdkapitalgeber aufgrund des finanziellen Risikos eine höhere Rendite (Mondell, 2022, S. 59). Laut Schuster und Rüdt von Collenberg (2015) sollte der Verschuldungsgrad kleiner als 200% sein, denn ein Verschuldungsgrad von 200% entspricht einer Eigenkapitalquote von 33%. Die Formel für den Verschuldungsgrad lautet wie folgt:

$$Verschuldungsgrad = \frac{Fremdkapital}{Eigenkapital}\ x\ 100$$

Für die Malefits GmbH ergibt sich folgender Verschuldungsgrad für das Geschäftsjahr 2019: $Verschuldungsgrad = \frac{250.300,00€}{27.200,00€}\ x\ 100 = 920,22\%$

Für die Malefits GmbH ergibt sich folgender Verschuldungsgrad für das Geschäftsjahr 2020: $Verschuldungsgrad = \frac{250.800,00€}{50.700,00}\ x\ 100 = 494,67\%$

Der Verschuldungsgrad der Malefits GmbH ist im Vergleich zum Vorjahr um 423,55% auf 494,67% gesunken. Auch nach der Reduktion liegt der Verschuldungsgrad noch deutlich über dem Sollwert von 200%. Der Cashflow gilt als Indikator für die Innenfinanzierungskraft eines Unternehmens. Die Kennzahl gilt als Gradmesser für die Selbstfinanzierung bei Investitionen, Rückzahlung von Schulden und zur Gewinnausschüttung (Spånberg Zepezauer, 2021, S. 287). Laut Lachnit und Müller (2017) ist der Cashflow als Instrument der Jahresanalyse entwickelt wurde, um unter anderem mögliche bilanzpolitische Gestaltungen rückgängig zu machen. Die vereinfachte Formel für den Cashflow lautet wie folgt: $Cashflow = Gewinn + Abschreibungen$

Für die Malefits GmbH ergibt sich folgender Cashflow für das Geschäftsjahr 2019:

$Cashflow = 2.200,00€ + 15.000,00€ = 17.200,00€$

Für die Malefits GmbH ergibt sich folgender Cashflow für das Geschäftsjahr 2020:

$Cashflow = 23.500,00€ + 15.000,00€ = 38.500,00€$

Die Malefits GmbH hat im Geschäftsjahr 2020 einen Cashflow von 38.500,00€ erwirtschaftet und damit eine Steigerung von 21.300€ zum Vorjahr erzielen können.

Allgemein lässt sich jedoch noch festhalten, dass das höhere Unternehmensergebnis im Geschäftsjahr 2020 vor allem durch die Veräußerung von Schutzrechten, so genannte Patente zustande gekommen ist. Patente werden in Deutschland durch das deutsche Patentund Markenamt (DPMA) vergeben und gelten nur für neue technische Erfindungen und Verfahren. Durch das Schutzrecht lässt sich geistiges Eigentum vor unerwünschten Nachahmungen schützen. Weiterhin können Unternehmen selbst über die Verwendung der geschützten eigenen Entwicklungen entscheiden und erwerben damit eine Alleinstellung am Markt. Entschließt sich ein Unternehmen dazu die erworbenen Schutzrechte zu verkaufen, was nur Sinn ergibt, wenn diese selbst nicht mehr benötigt werden, werden alle Rechte an den Käufer übertragen (Deutsches Patent- und Markenamt, 2021). Das Eigenkapital und das Unternehmensergebnis der Malefits GmbH hat sich durch den Verkauf der Schutzrechte deutlich erhöht. Die Position im Anlagevermögen (Geschäftsjahr 2019: 130.000,00€) hingegen hat sich durch die Veräußerung in Höhe von 65.000,00€ halbiert. Werden die Ergebnisse des operativen Geschäftes betrachtet, fällt auf, dass sich der erwirtschaftete Verlust der Malefits GmbH sich im Geschäftsjahr 2020 fast verdoppelt hat. Besonders auffällig sind hierbei die Personalkosten, die sich um 15.000,00€ erhöht haben und die Marketingkosten, die um 3.000,00€ gesenkt wurden. Auffällig ist auch, dass die Summe der Umsatzerlöse insgesamt im Vergleich zum Vorjahr um 5.800,00€ gestiegen sind, wobei die sonstigen Umsatzerlöse um 3.200,00€ gesunken sind. Im Anlagevermögen fällt neben der Halbierung der Schutzrechte auf, dass die Betriebs- und Geschäftsausstattung im Vergleich zum Vorjahr um 10.000,00€ geringer ist. Das Umlaufvermögen ist durch eine Vermögensumschichtung insgesamt jedoch um 99.000,00€ gestiegen. Das Sachvermögen der Malefits GmbH wurde in Geldvermögen umgewandelt und dem entsprechend dem Umlaufvermögen zugeordnet. Das Bankguthaben ist im Vergleich zum

Vorjahr um 60.000,00€ gestiegen, ebenso wie die Forderungen aus Lieferungen und Leistungen um 40.000,00€. Das Eigenkapital ist durch die Gewinnrücklagen des Vorjahres um 23.500€ gestiegen. Ebenso ist das Fremdkapital um 500,00€ gestiegen. Die Verbindlichkeiten aus Lieferungen und Leistungen sind zwar um 34.500€ gesunken, allerdings wurden Rückstellungen in Höhe von 35.000,00€ gebildet. Auf den ersten Blick lassen die gegeben Zahlen, die Bilanz, die Gewinn und Verlustrechnung und die errechneten Zahlen ein profitables Unternehmen vermuten. Im Vergleich zum Vorjahr haben sich bis auf die Umsatzrentabilität alle Kennzahlen im Geschäftsjahr 2020 verbessert. Der Eigenkapitalquote, der Deckungsgrad A und auch der Verschuldungsgrad liegen weit unter den angegeben Sollwerten. Durch den oben genannten und erläuterten Verkauf der Schutzrechte und Patente werden die Kennzahlen maßgeblich beeinflusst, da diese zu einem deutlich höheren Unternehmensergebnis beigetragen haben. Wird das operative Geschäft betrachtet, so wird deutlich, dass sich die Ergebnisse im Vergleich zum vorherigen Geschäftsjahr um fast das Doppelte verschlechtert haben. Diese Verschlechterung spiegelt die Umsatzrentabilität wider. Zusammenfassend lässt sich sagen, dass vom Kauf der Malefits GmbH abgeraten wird.

4 Literaturverzeichnis

Brecht U. (2012). *Controlling für Führungskräfte. Was Entscheider im Unternehmen wissen müssen* (2. Auflage). Wiesbaden: Springer Gabler.

Deutsches Patent- und Markenamt (2021). Patente. Zugriff am 10.04.2022. Verfügbar unter https://www.dpma.de/patente/index.html

Engel-Bock, J. (1997). *Bilanzanalyse leicht gemacht. Eine Arbeitshilfe für Betriebsräte, Wirtschaftsausschussmitglieder und Arbeitnehmervertreter in Aufsichtsräten.* Köln: Bund-Verlag.

Götte, S. (2021). Balanced Scorecard. In C. Zerres (Hrsg.) Handbuch Marketing-Controlling. Grundlagen – Methoden – Umsetzung (S. 558-569). Berlin: Springer Gabler.

Hesse, B. & Gruber, W. (2018). *Bilanzanalyse und Kennzahlen. Fallorientierte Bilanzoptimierung* (6. Auflage). Wiesbaden: Springer Gabler.

Hungenberg, H. (2014). *Strategisches Management in Unternehmen. Ziele- Prozesse- Verfahren* (8. Auflage). Wiesbaden: Springer Gabler.

Hundt, I. (2016). „Window-Dressing" als Gratwanderung der Bilanzierung im Mittelstand. In I. Gestring & T. Gonschorek (Hrsg.), *Ethik Im Mittelstand. Grundlagen und Instrumente zur praktischen Umsetzung* (S. 205-214). Wiesbaden: Springer Gabler.

Von Känel, S. (2018). *Betriebswirtschaftslehre. Eine Einführung* (1. Auflage). Wiesbaden: Springer Gabler.

Linxweiler, R. & Gaiser, B. (2019). Marken-Scorecard als Planungs-Steuerungs- und Controlling-Instrumente in der Markenführung. Entwicklung, aktueller Stand und Perspektiven. In F.-R. Esch (Hrsg.), *Handbuch Markenführung* (S.1541-1558). Wiesbaden: Springer Gabler.

Mondello, E. (2022). *Corporate Finance. Theorie und Anwendungsbeispiele* (1. Auflage). Wiesbaden: Springer Gabler

Poeschl, H. (2013). *Strategische Unternehmensführung zwischen Shareholder-Value und Stakeholder-Value* (1. Auflage). Wiesbaden: Springer Gabler.

Prätsch, J., Schikorra, U. & Ludwig, B. (2012*). Finanzmanagement. Lehr- und Praxisbuch für Investitionen, Finanzierung und Finanzcontrolling* (4. Auflage). Berlin Heidelberg: Springer Gabler.

Schuster, T. & Rüdt von Collenberg, L. (2015). *Finanzierung: Finanzberichte, - kennzahlen, -planung.* Berlin Heidelberg: Springer Gabler

Spångberg Zepezauer, A.K. (2021). *Steuerlehre und Bilanzierung für das Bachelor Studium* (3. Auflage). Wiesbaden: Springer Gabler

5 Abbildungs- und Tabellenverzeichnis

5.1 Abbildungsverzeichnis

5.2 Tabellenverzeichnis

5.3 Abkürzungsverzeichnis

BSC   Balanced Scorecard

ROI   Return on Investment

DPMA   Deutsches Patent- und Markenamt